과학은 쉽다!

★ 초등학교 과학 교과서와 함께 봐요!

과학 3-1 동물의 한살이
과학 3-2 동물의 생활
과학 5-1 다양한 생물과 우리 생활
과학 5-2 생물과 환경

* 3~6학년 과학 교과서는 출판사별로 교과 단원 순서가 달라, 순번을 표기하지 않았습니다.

차례

1 같은 동물, 다른 동물, 어떻게 구분해? 생물 종 이해하기

햄스터가 아니라 쥐라고? • 8 비슷하게 생겼는데 다른 동물들 • 10
다르게 생겼는데 같은 동물들 • 12 같은 동물인데 왜 생김새가 다를까? • 14
생물을 나누는 기본 단위, 종 • 16 사람이 아는 종, 모르고 있는 종 • 18
왜 종을 구분하는 걸까? • 20

더 알아보기 품종과 아종, 뭐가 다를까? • 22 도전! 퀴즈 왕 • 24
질문 있어요! 호랑이와 사자가 싸우면 누가 이기나요? • 26

2 네 방식대로 동물을 분류해 봐! 생물 분류의 기준

어떤 기준에 따라 책을 정리할까? • 28 동물을 분류할 기준을 적어 봐! • 30
사는 곳에 따른 동물의 분류 • 32 먹이에 따른 동물의 분류 • 34
크기에 따른 동물의 분류 • 36 분류 기준에 따라 동물을 찾아봐! • 38
분류 기준을 잘 세우는 것이 중요해! • 40

더 알아보기 옛날 사람들은 어떻게 생물을 분류했을까? • 42 도전! 퀴즈 왕 • 44
질문 있어요! 자연에서 저절로 생겨나는 생물은 없나요? • 46

3 종속과목강문계, 생물을 분류해 봐! 린네와 생물 분류법

분류학의 아버지, 칼 폰 린네 · 48   모두가 부를 수 있는 이름이 필요해 · 50
종속과목강문계란 무엇일까? · 52   호랑이의 종속과목강문계! · 54
사람은 거꾸로! 계문강목과속종! · 56

더 알아보기 생물 분류법은 어떻게 변해 왔을까? · 60   도전! 퀴즈 왕 · 62
질문 있어요! 눈에 보이지 않는 미생물은 어떻게 분류하나요? · 64

4 끝이 없는 생물 분류 변화하는 분류학

소고는 악기일까, 문구일까? · 66   분류하기 참 애매한 오리너구리 · 68
무지개 색을 분류할 수 있을까? · 70   사람과 가장 가까운 동물이 돼지라고? · 72
미생물도 분류할 수 있어! · 74

더 알아보기 유전자와 DNA란 무엇일까? · 76   도전! 퀴즈 왕 · 78
질문 있어요! 영화 「엑스맨」처럼 유전자에 변화가 일어나면 정말 눈에서
            빔을 쏘고, 날씨를 조종하고, 사람의 마음을 읽을 수 있나요? · 80

5 생물을 분류하는 진짜 이유 생물 다양성의 중요성

인간에 의해 멸종된 동물들 · 82   멸종 위기에 처한 동물들 · 86
멸종 위기 동물의 수를 늘려라! · 88   백두산호랑이를 되살린다고? · 90
멸종한 공룡을 되살릴 수 있을까? · 92   생물 다양성이란 무엇일까? · 94
우리 자신을 위해 생물 다양성을 지켜야 해! · 96

더 알아보기 우리나라의 멸종 위기 동물들 · 98   도전! 퀴즈 왕 · 100
질문 있어요! 언젠가는 사람도 멸종하게 될까요? · 102

①
같은 동물, 다른 동물, 어떻게 구분해?

생물 종 이해하기

햄스터가 아니라 쥐라고?

비슷하게 생겼는데 다른 동물들

햄스터와 쥐는 정말 비슷하게 생겼어. 자세히 보면 햄스터가 쥐보다 더 동글동글하고 꼬리도 짧지만, 얼핏 봐서는 구분하기가 어려워.

그런데 햄스터와 쥐 말고도 비슷하게 생긴 동물들이 꽤 많다는 거 아니? 아래 그림을 봐. 이 동물의 이름은 뭘까?

고양이라고? 아니야. 이 동물은 '삵'이야. 살쾡이라고도 부르는데, 고양이보다 덩치가 크고 좀 더 날카롭게 생겼어. 이마 가운데에 세로로 난 흰 무늬 보이지? 이게 삵과 고양이를 구분하는 가장 큰 특징이야.

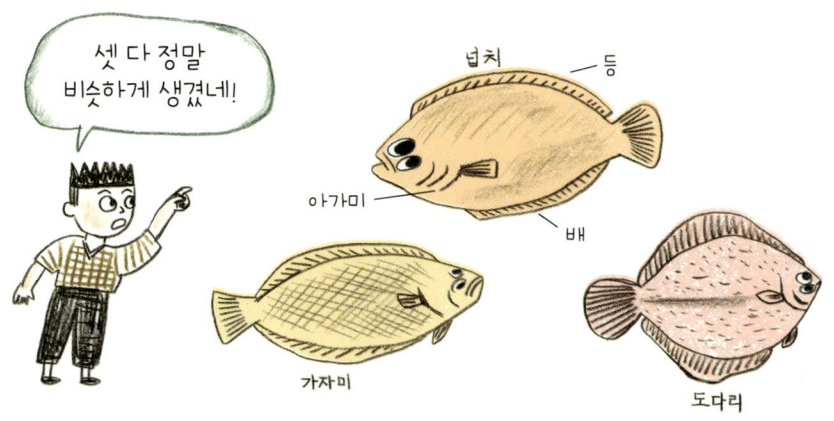

　또 다른 예를 들어 볼까? 넙치, 가자미, 도다리는 언뜻 똑같이 생겼어. 셋 중 '광어'라고도 부르는 넙치랑 도다리는 주로 회를 떠서 먹는데, 값이 좀 비싼 편이야. 반면에 가자미는 기름에 튀겨서 반찬으로 많이 먹는 값싼 생선이지. 그래서 간혹 가자미를 넙치나 도다리라고 속여 파는 나쁜 사람들도 있어.

　그렇다면 넙치, 가자미, 도다리를 구분할 수 있는 방법은 없을까? 물론 있지. 물고기의 등을 위로, 배를 아래로 뒀을 때 넙치는 얼굴이 왼쪽으로, 가자미는 오른쪽으로 가. 어디가 등이고, 배인지 모르겠다고? 아가미가 있는 쪽이 배야.

　도다리는 가자미처럼 얼굴이 오른쪽으로 가지만, 몸통이 좀 더 마름모 모양에 가까워. 도다리에 비하면 가자미는 좀 길쭉해 보여.

다르게 생겼는데 같은 동물들

겉모습은 다른데 같은 동물인 경우도 있어. 사람과 가까운 동물인 개나 고양이가 대표적인 예야.

덩치가 큰 개인 세인트버나드와 덩치가 작은 개인 치와와를 비교해 봐. 크기부터 생김새까지 비슷한 면을 찾아보기가 힘들 거야. 하지만 세인트버나드와 치와와는 모두 개야.

고양이는 또 어떻고? 털이 길고 풍성한 페르시아고양이와 털이 짧고 곱슬거리는 코니시렉스는 겉모습만으로는 완전히 다른 동물 같아 보여. 하지만 둘은 모두 고양이이지.

오시캣은 같은 고양이인 페르시아고양이나 코니시렉스보다 오히려 삵과 겉모습이 더 닮았어. 은색이나 황색 털에 짙은 색의 뚜렷한 반점이 흩어져 있는 것 하며, 이마에 있는 영어 알파벳 'M(엠)' 자를 닮은 무늬를 봐. 정말 삵과 비슷하지 않니? 그래도 삵은 삵이고, 오시캣은 고양이야. 생김새는 비슷해도 둘은 전혀 다른 동물이란다.

같은 동물인데 왜 생김새가 다를까?

같은 개, 같은 고양이인데 왜 크기며 생김새가 다른 걸까?

그건 사람들이 자신에게 필요한 동물을 만들기 위해 특별한 성질을 가진 동물들끼리 짝짓기를 시켰기 때문이야. 예를 들어 사람들은 함께 지내기 좋은 개를 만들기 위해, 덩치가 작고 온순하며 사람을 잘 따르는 개들끼리만 짝짓기를 시켰어. 그런 과정을 계속 반복하면 맨 처음에 짝짓기를 시켰던 개들과는 전혀 다른 생김새, 다른 특징을 가진 개가 태어나.

자연 상태에서도 이와 비슷한 일이 일어나. 같은 동물이라도 사는 곳이 다르면 크기나 생김새 등에서 차이가 날 수 있거든.

태평양 동쪽 적도 바로 아래에 여러 개의 화산섬이 모인 '갈라파고스 제도'라는 곳이 있어. 특이한 새와 파충류가 많기로 유명한 곳이지. 이 갈라파고스 제도의 여러 섬에는 참새만 한 크기의 '갈라파고스핀치'라는 새가 사는데, 섬에 따라 새의 부리 모양이 다 달라. 섬의 환경에 따라 과일을 주로 먹는 갈라파고스핀치는 부리가 뭉툭하고, 곤충을 주로 먹는 갈라파고스핀치는 부리가 뾰족한 거야.

19세기 초, 영국의 과학자 다윈은 갈라파고스핀치들을 관찰하며 '생물이 환경의 차이에 따라 변화한다'는 진화론의 아이디어를 떠올렸어.

생물을 나누는 기본 단위, 종

 이쯤에서 이런 궁금증이 생길 거야. 같은 동물은 뭐고, 다른 동물은 뭘까? 같은 동물, 다른 동물을 나누는 기준은 무엇일까?
 쥐, 햄스터, 고양이, 삵처럼 같은 생물의 무리를 **종(種)**이라고 해. 종은 생물을 나누는 기본 단위로, '종류가 다르다'라고 말할 때의 '종류'를 줄인 말이라고 생각하면 쉬워.
 같은 종끼리는 겉모습이 닮았을 뿐 아니라 무엇을 먹고, 어떻게 새끼를 낳아 키우는지 등 생활 방식이 비슷해. 또 같은 종끼리는 서로 짝짓기를 해서 새끼를 가질 수 있어. 그 사이에서 태어난 2세도 자식을 낳을 수 있고.
 무슨 말인지 잘 모르겠다고? 예를 들어 설명해 볼게. 동물원에 가면 수컷 사자와 암컷 호랑이가 짝짓기를 해서 낳은 '라이거'라는 동물이 있어. 라이거는 아빠인 사자나 엄마인 호랑이보다 덩치가 더 커. 다른 동물을 잡아먹고 사는 맹수의 세계에서는 덩치가 큰 게 아주 중요해. 즉 라이거는 사자와 호랑이의 좋은 점만 물려받은 축복받은 동물인 셈이지.

하지만 라이거는 종이 아니야. 수컷 라이거와 암컷 라이거가 짝짓기를 해도 새끼를 낳지 못하거든.

사람이 아는 종, 모르고 있는 종

지구에는 얼마나 많은 종이 있을까?

지구에 사는 생물은 현재까지 밝혀진 것만 약 175만 종쯤 된다고 해. 여기에 우리 눈에 보이지 않는 작은 미생물까지 포함하면 1400만 종 이상 될 거라니, 정말 엄청난 수이지.

더 놀라운 건 이게 끝이 아니라는 거야. 생물의 종 수는 빠른 속도로 증가하고 있어. 새로운 종들이 속속 발견되고 있거든.

우리나라에는 약 5만 4400여 종의 생물이 있다고 해. 하지만 이건 확인된 숫자일 뿐이고, 실제로는 이보다 훨씬 더 많은 생물들이 있다고 봐야 해. 우리나라의 땅 넓이와 환경을 생각하면 약 10만 종 정도로 생각하면 될 거야.

과학자들은 우리가 아는 종보다 모르고 있는 종이 훨씬 많을 거라고 말해. 사람의 발길이 닿지 않은 깊은 바닷속이나 땅속에도 많은 생물들이 살고 있을 테고, 곰팡이나 세균처럼 우리가 밝혀내지 못한 생물도 많을 테니까. 그러니 앞으로는 주변을 꼼꼼히 살펴봐. 혹시 네가 새로운 종을 발견하게 될지도 모르잖아!

왜 종을 구분하는 걸까?

오래전부터 사람들은 동물과 식물의 생김새, 행동, 특징을 관찰해서 비슷한 것은 묶고, 다른 것은 나누어 왔어. 왜 그랬을까?

생물을 분류하고 종을 구분하는 것은, 그 생물을 이해하는 첫걸음이야. 예를 들어 삵과 고양이를 구분하지 못해서 삵을 고양이와 함께 키우면 어떻게 될까? 삵과 고양이는 생김새는 비슷해도 전혀 다른 종이야. 생활 방식도 다르고, 짝짓기를 해도 새끼가 태어나는 일이 드물지. 게다가 삵은 덩치는 작아도 성질이 사나워서 고양이처럼 다루다가는 큰일 날 수 있어.

한편으로 종을 구분할 수 있으면 그 생물을 더 잘 이용할 수 있어.

생김새는 비슷하지만 다른 종이라고 했던 넙치와 가자미 기억하니? 물고기는 보통 알을 낳기 직전에 먹는 게 가장 좋아. 알을 낳기 전에 먹이를 많이 먹어서 몸에 영양분을 잔뜩 저장하거든. 그렇게 보면 넙치는 12월이 제철이고, 가자미는 3월에 가장 맛있어. 그러니까 넙치와 가자미를 구분할 줄 알면 가장 맛있는 시기에 맛볼 수 있는 거야.

마지막으로 종을 구분한다는 건, 그 생물을 사랑한다는 뜻이야. 다른 사람들은 쌍둥이를 잘 구분하지 못하지만 그 아이들의 엄마 아빠는 누가 누군지 금방 알잖아. 아이들을 사랑하니까 아주 작은 차이까지 알고 구분할 수 있는 거지. 즉 종을 구분하는 것은 우리가 지구의 다양한 생물들과 함께 살아가기 위해 꼭 필요한 일이야.

더 알아보기

품종과 아종, 뭐가 다를까?

인간이 만들어 낸 종의 구분, 품종

세인트버나드는 남자 어른을 등에 거뜬히 태울 만큼 커. 반면에 치와와는 주머니 속에 쏙 들어갈 만큼 작지. 같은 개인데도 무척 다르지? 사람들이 특별한 성질을 가진 개들끼리 반복해서 짝짓기를 시켜서 새로운 종류의 개를 만들어 냈기 때문이야. 이렇게 사람이 원하는 특징을 갖도록 같은 종 안에서 크기와 모양 등을 변화시킨 집단을 '품종'이라고 해. 더 빨리 달리는 말, 더 많은 고기를 얻을 수 있는 돼지, 병에 더 잘 견디는 소는 이렇게 만들어졌어.

자연이 만들어 낸 종의 구분, 아종

같은 종인데도 겉모습이나 생활 방식에서 차이를 보이는 현상은 자연에서도 찾아볼 수 있어. 같은 종이라도 사는 곳이 다르면 환경에 적응하는 과정에서 몸의 크기나 모양이 바뀌거든. 이렇게 같은 종 중에서 서로 다른 점이 많고, 사는 곳이 차이 나는 한 무리의 생물을 '아종'이라고 해.
시베리아호랑이, 인도호랑이는 호랑이의 아종이야. 같은 호랑이라도 추운 곳에 사는 시베리아호랑이의 무게는 최대 370킬로그램이나 되는데, 인도호랑이는 100~260킬로그램 정도밖에 안 돼.
대체로 추운 곳에 사는 동물들은 덩치가 크고, 더운 곳에 사는 동물들은 덩치가 작은 편이야. 추운 곳에 사는 동물들은 몸집에 비해 공기와 닿는 피부의 면적이 좁은 경우가 많아. 그래야 몸이 열을 좀 더 많이 품을 수 있고, 체온도 밖으로 덜 빼앗기거든.

★ 도전! 퀴즈 왕

1. 아래 문장을 잘 읽고 맞으면 O, 틀리면 X 표시 하세요.

- 오시캣과 페르시아고양이는 생김새는 달라도 같은 종이에요. (   )
- 과학자들은 우리가 아는 종보다 모르고 있는 종이 더 많다고 생각해요. (   )
- 삵과 고양이처럼 생김새가 비슷한 동물들은 다른 종이라고 해도 짝짓기를 해서 새끼를 낳을 수 있어요. (   )
- 더 빨리 달리는 말, 더 많은 고기를 얻을 수 있는 돼지, 병에 더 잘 견디는 소는 자연적으로 생겨났어요. (   )

2. 종(種)에 대한 설명으로 틀린 것을 고르세요.

① 생물을 나누는 기본 단위예요.
② 같은 종끼리는 겉모습, 생활 방식 등이 비슷해요.
③ 같은 종끼리는 서로 짝짓기를 해서 새끼를 낳을 수 있어요.
④ 사자와 호랑이 사이에서 태어난 라이거는 하나의 종이에요.
⑤ 현재까지 밝혀진 지구의 생물은 약 175만 종쯤 돼요.

3. 아래 상자에 쓰인 글을 잘 읽고 빈칸에 알맞은 단어를 쓰세요.

> 태평양 동쪽 적도 바로 아래에 있는 ①_____는 특이한 새와 파충류가 많기로 유명해요. 19세기 초 영국의 과학자 다윈은 이곳에 사는 ②_____를 관찰하고 '생물이 환경의 차이에 따라 변화한다'는 ③_____의 아이디어를 떠올렸어요.

4. 아래 설명을 잘 읽고 품종인지, 아종인지 써 보세요.

개	호랑이
|	|
세인트버나드, 치와와	시베리아호랑이, 인도호랑이
① -------	② -------
사람이 같은 종 안에서 크기나 모양이 다른 집단을 만들어 낸 것이에요.	같은 종이지만, 서로 다른 곳에 사는 동안 몸의 크기나 모양 등이 달라진 집단이에요.
③ -------	④ -------

정답 1. ○, ○, ×, ○ 2. ④ 3. ①갈라파고스 제도 ②갈라파고스 핀치 ③진화론
4. ①품종 ②아종 ③품종 ④아종

질문 있어요!

 **호랑이와 사자가 싸우면 누가 이기나요?**

호랑이와 사자 중 누가 더 센지를 가리기는 정말 힘들어. 아마 덩치가 작은 인도호랑이와 붙는다면 사자가 이길 거야. 하지만 시베리아호랑이는 사자보다 덩치가 크단 말이야. 그래도 사자는 호랑이보다 무는 힘이 더 세니까…… 아무래도 이건 '싸워 봐야 안다'가 답일 것 같아.

호랑이와 사자가 싸우면 누가 이기느냐고 물으면 답하기 힘들지만, 가장 센 동물이 무엇이냐고 물으면 답할 수 있어. 동물의 세계에서 누가 더 힘이 센지 서열을 정할 때 가장 중요한 요소는 바로 덩치야. 덩치가 큰 동물일수록 서열이 높아.

이런 기준에서 보면 육지 동물 중 최고로 센 동물은 아프리카코끼리야. 다음이 아시아코끼리, 코뿔소, 하마 순서이지. 기린과 북극곰이 그다음이고, 사자와 호랑이는 그다음 다음 순서 정도 돼. 좀 실망스러운 대답인가?

한편 물속의 최강자는 범고래야. 육지 동물 중에서 힘센 동물 중 하나인 북극곰을 한껏 놀리다가 잡아먹을 정도이지. 지구에서 가장 큰 동물인 흰긴수염고래도 범고래 여러 마리가 함께 덤벼들면 힘을 못 써.

그런데 이 범고래를 애완동물처럼 기르는 동물이 있어. 바로 사람이야. 그러니 지구에서 가장 센 동물은 단연코 사람이라고 말하고 싶구나!

②

네 방식대로 동물을 분류해 봐!

생물 분류의 기준

어떤 기준에 따라 책을 정리할까?

동물을 분류할 기준을 적어 봐!

 승현, 한세, 예주는 각자 정한 기준에 따라 책을 분류해 정리했어. 누가 정답이냐고? 이런 문제에 정답은 없어. 왜 그렇게 분류했는지 설명할 수만 있으면 돼. 여기서 중요한 것은 필요한 때에 원하는 책을 바로 찾아볼 수 있도록 책을 분류해 둔다는 거야.

 동물을 분류하는 이유와 방법도 이것과 같아. 물론 책을 분류하는 것보다는 조금 더 복잡하겠지만 말이야.

너라면 어떤 기준에 따라 동물을 분류할래? 아래 수첩에 동물을 분류하는 기준을 적어 봐. 무엇이든 좋아. 생각나는 대로 적으면 돼. 몇 가지나 적을 수 있겠어? 열 가지 넘게 적었다면, 너는 생물학자로서 재능이 있어.

자, 이제 분류의 기준을 다 적었으면 그중에서 가장 맘에 드는 것을 골라 봐. 그리고 기준에 따라 아래 동물들을 분류해 봐.

사는 곳에 따른 동물의 분류

승현이는 동물을 사는 곳에 따라 분류했어. 하늘을 나는 동물, 추운 데 사는 동물, 사람과 사는 동물, 초원에 사는 동물, 물에 사는 동물이 각각 다른 특징을 갖고 있을 거라고 생각했거든.

하늘을 날아다니며 사는 동물

추운 데 사는 동물

사람과 함께 사는 동물

동물들을 분류한 다음, 승현이는 각 무리별로 어떤 특징이 있는지 조사했어. 그러자 사는 곳에 따라 동물들이 공통적인 특징을 갖고 있다는 것을 알 수 있었어.

예를 들어 하늘을 날아다니며 사는 동물들은 모두 날개를 갖고 있었어. 또 물에 사는 동물들은 지느러미나 물갈퀴처럼 헤엄치는 데 도움이 되는 기관들이 발달되어 있었지. 어디에 사느냐에 따라 동물의 생김새와 생활 방식이 달라지는 거야.

초원에 사는 동물

물에 사는 동물

먹이에 따른 동물의 분류

한세는 먹이에 따라 동물을 분류했어. 다른 동물의 고기를 먹는 '육식 동물', 풀이나 나뭇잎이나 열매를 먹는 '초식 동물', 식물과 동물을 모두 먹는 '잡식 동물'로 나누었지.

한세는 깜짝 놀랐어. 사는 곳만큼이나 먹이도 동물의 겉모습에 큰 영향을 미쳤거든.

육식 동물
날카로운 이빨이 있어서 고기를 뜯어 먹거나, 작은 동물을 삼켜서 먹어!

육식 동물은 사냥에 적합한 생김새를 갖고 있었어. 눈이 얼굴 앞쪽에 있어 사냥감을 쫓기에 좋고, 단거리 육상 선수처럼 빨리 달릴 수 있는 근육이 있었지. 또 송곳니가 발달해서 고기를 쉽게 찢을 수 있었어.

반면에 초식 동물은 달아나기에 좋은 특징들이 발달했어. 눈은 얼굴 옆에 있어서 넓은 지역을 살필 수 있고, 장거리 육상 선수처럼 오래 달리기에 알맞은 근육이 있지.

한세는 몰랐겠지만 무엇을 먹느냐는 동물의 몸 안에 있는 소화 기관에도 영향을 줘. 영양분이 많은 고기를 먹는 육식 동물은 소화 기관이 짧은 편이야. 하지만 영양분이 적은 식물을 먹는 초식 동물은 필요한 영양분을 얻기 위해 많은 양의 풀과 나뭇잎을 먹어야 해. 그래서 위가 크고, 소화 기관도 더 길단다.

초식 동물
풀, 나뭇잎, 곡식, 열매를 먹어!

잡식 동물
사람처럼 식물, 동물을 다 먹을 수 있어!

크기에 따른 동물의 분류

예주는 크기에 따라 동물을 분류했어. 크기야말로 동물을 한눈에 구분할 수 있는 차이라고 생각했거든.

동물을 '아주 큰 동물', '큰 동물', '보통 크기인 동물', '작은 동물'로 분류하던 예주는 재미있는 사실을 발견했어. 큰 동물일수록 행동이 느긋하고, 작은 동물일수록 행동이 재빠르다는 것을 알아낸 거야.

동물 세계에서는 덩치가 클수록 대접을 받아. 육식 동물 중 으뜸이라는 사자도, 코끼리에게 무모하게 덤비는 법은 없어. 그래서 덩치가 큰 동물들의 행동이 더 느긋한 건지도 몰라.

하지만 덩치가 크다고 무조건 좋은 건 아냐. 큰 동물은 그만큼 먹이가 많이 필요하고, 환경의 변화에도 더 영향을 받거든. 실제로 오래전 지구의 환경이 크게 변화했을 때, 덩치 큰 공룡은 멸종했지만 작은 쥐는 살아남았단다.

분류 기준에 따라 동물을 찾아봐!

승현, 한세, 예주의 기준을 한꺼번에 적용해 동물을 분류하면 어떻게 될까?

아마 동물을 더 쉽고 정확하게 찾을 수 있을 거야. 예를 들어 "초원에 살고, 고기를 먹으며, 덩치가 큰 동물은?"이라고 물으면 금방 사자라고 답할 수 있지 않겠어?

오른쪽 페이지에서 세 사람이 정한 기준에 따라 열세 가지 동물들을 분류해 봐. 그리 어렵지 않지?

다 했어? 그럼 이제 하나만 더 해 보자. 예시로 든 동물들 외에 네가 아는 다른 동물들을 분류해 보는 거야. 사자 외에 '초원에 살면서 고기를 먹고 덩치가 큰 동물'에는 무엇이 있을까? 개구리 외에 '물에 살면서 고기를 먹고 덩치가 작은 동물'에는 어떤 것이 있을까?

승현, 한세, 예주의 분류 기준에 맞는 동물을 찾아 줄을 그어 봐!

승현	한세	예주			동물	
하늘을 날아다니며 사는 동물	육식 동물	보통	•	•		북극곰
	잡식 동물	작다	•	•		악어
추운 데 사는 동물	육식 동물	크다	•	•		코끼리
		보통	•	•		원숭이
초원에 사는 동물	육식 동물	크다	•	•		참새
	초식 동물	아주 크다	•	•		고양이
	잡식 동물	보통	•	•		독수리
물에 사는 동물	육식 동물	아주 크다	•	•		개구리
		크다	•	•		고래
		작다	•	•		펭귄
사람과 사는 동물	육식 동물	보통	•	•		돼지
	초식 동물	크다	•	•		사자
	잡식 동물	보통	•	•		소

정답: 하늘을날아다니며 사는 동물-참새, 독수리, 추운 데 사는 동물-북극곰, 초원에 사는 동물-사자, 코끼리, 원숭이, 물에 사는 동물-악어, 고래, 개구리, 펭귄, 사람과 사는 동물-고양이, 소, 돼지

분류 기준을 잘 세우는 것이 중요해!

자, 이제 생물을 분류하는 것이 어떤 것인지, 감이 좀 잡히니? **생물 분류**란 어떤 기준을 정한 뒤, 그 기준에 따라 생물을 공통된 성질을 가진 것들끼리 나누는 거야. 그런데 동물이나 식물을 분류하다 보면 기준에 맞는 것을 쉽게 찾을 때도 있지만, 도통 기준에 맞는 것을 못 찾을 때도 있어.

왜 그런 일이 생길까? 그건 동물이나 식물을 나누는 분류의 기준이 적절하지 않기 때문일 가능성이 커. 예를 들어 '사람과 함께 사는 동물'이면서 '덩치가 아주 큰 동물'은 찾기가 어려워. 분류의 기준을 잘못 잡았기 때문이지.

생물을 분류할 때 올바른 분류의 기준을 정하는 건, 기본 중의 기본이야. 생물을 잘 관찰한 다음에 분류 기준을 바르게 정해야 생물을 알기 쉽게 나눌 수 있어.

그렇다면 좋은 분류의 기준이란 무엇일까? '예쁜 것과 예쁘지 않은 것', '내가 좋아하는 것과 좋아하지 않는 것'처럼 사람마다 생각이 다를 수 있는 것은 좋은 분류 기준이 아니야. 누가 보아도 비슷한 답을 내놓을 수 있는 것, 숫자로 확실하게 나타낼 수 있는 것이 좋은 분류 기준이야.

다음 장에서는 과학자들이 실제로 생물을 어떻게 분류하는지 알아보자.

더 알아보기

옛날 사람들은 어떻게 생물을 분류했을까?

과학적 사고의 시작, 분류

과학적 사고는 분류에서 시작된다는 말이 있어. 사물을 관찰하고 공통점과 차이점을 찾아 분류하는 과정에서 자연스럽게 과학적 사고를 배울 수 있다는 뜻이야. 옛날 사람들도 과학적 사고를 했다면 당연히 동물과 식물을 분류했겠지? 옛날 사람들은 어떻게 생물을 나누었을까?

아리스토텔레스의 생물 분류

중세 시대까지는 고대 그리스의 철학자 아리스토텔레스가 세운 분류의 기준을 따랐어. 기원전 384년에 태어난 아리스토텔레스는 철학뿐 아니라 과학에도 큰 영향을 미쳤어. 그는 생물의 생김새나 행동 등을 관찰해 비슷한 특징을 가진 것들끼리 분류한 첫 번째 학자이기도 해.

아리스토텔레스는 동물을 먼저 빨간 피가 있는 '유혈 동물'과 빨간 피가 없는 '무혈 동물'로 분류했어. 조개, 새우, 곤충 등은 피가 없다고 생각했거든. 물론 이건 아리스토텔레스가 잘못 안 거야. 조개, 새우, 곤충의 피에는 적혈구가 없어서 붉은색을 띠지 않을 뿐, 피가 흐르지 않는 건 아니야.

다음으로 아리스토텔레스는 유혈 동물을 새끼가 태어나는 방식에 따라 '태생', '난태생', '난생', '불완전 난생'으로 나누었어. 태생은 어미의 몸 안에서 어느 정도 자란 다음에 태어나는 것이고, 난생은 알에서 태어나는 거야. 난태생은 어미의 몸 안에서 알을 깨고 나온 새끼가 태어나는 것이고, 불완전 난생은 물고기처럼 껍데기가 없는 알을 낳는 경우를 말해.

한편 아리스토텔레스는 무혈 동물에 속하는 게, 새우, 가재 같은 갑각류가 자연에서 저절로 태어난다고 믿었어. 생물이 짝짓기를 해서 새끼를 낳지 않고도 태어날 수 있다고 본 거야. 이 생각은 19세기에 프랑스의 과학자 파스퇴르가 어떤 생명체도 저절로 생겨날 수는 없다는 것을 실험으로 증명한 다음에야 바뀌었어.

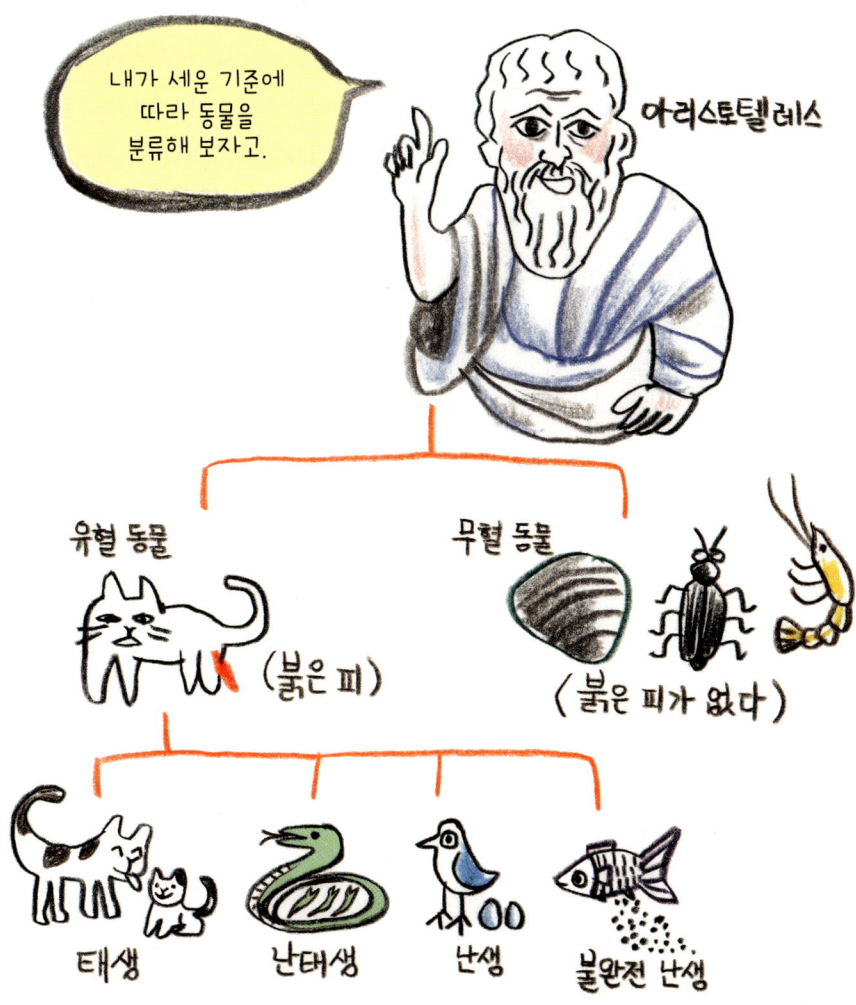

몇 가지 잘못된 점이 있긴 했지만 아리스토텔레스의 생물 분류법은 상당히 과학적이었어. 실제로 이 방법은 스웨덴의 식물학자 칼 폰 린네가 새로운 생물 분류법을 제시할 때까지 2000여 년 동안이나 이어졌단다.

⭐ 도전! 퀴즈 왕

1. 아래 그림을 잘 보고 어떤 기준에 따라 분류했는지 써 보세요.

- -

2. 육식 동물과 초식 동물에 대한 설명으로 틀린 것을 고르세요.

① 육식 동물은 눈이 얼굴 앞쪽에 있어서 사냥감을 쫓기에 좋아요.

② 초식 동물은 오래 달리기에 좋은 근육이 발달했어요.

③ 육식 동물은 송곳니가 발달해서 고기를 쉽게 찢을 수 있어요.

④ 초식 동물은 위가 크고 소화 기관이 길어요.

⑤ 육식 동물은 사람처럼 고기와 풀과 열매를 다 먹어요.

3. 아래 그림을 잘 보고 빈칸에 알맞은 단어를 써 보세요.

① 고대 그리스의 철학자로 처음으로 생물을 관찰하고 분류했어요.

② 빨간 피가 있는 동물의 무리예요.

③ 어미의 몸 안에서 어느 정도 자란 다음 태어나요.

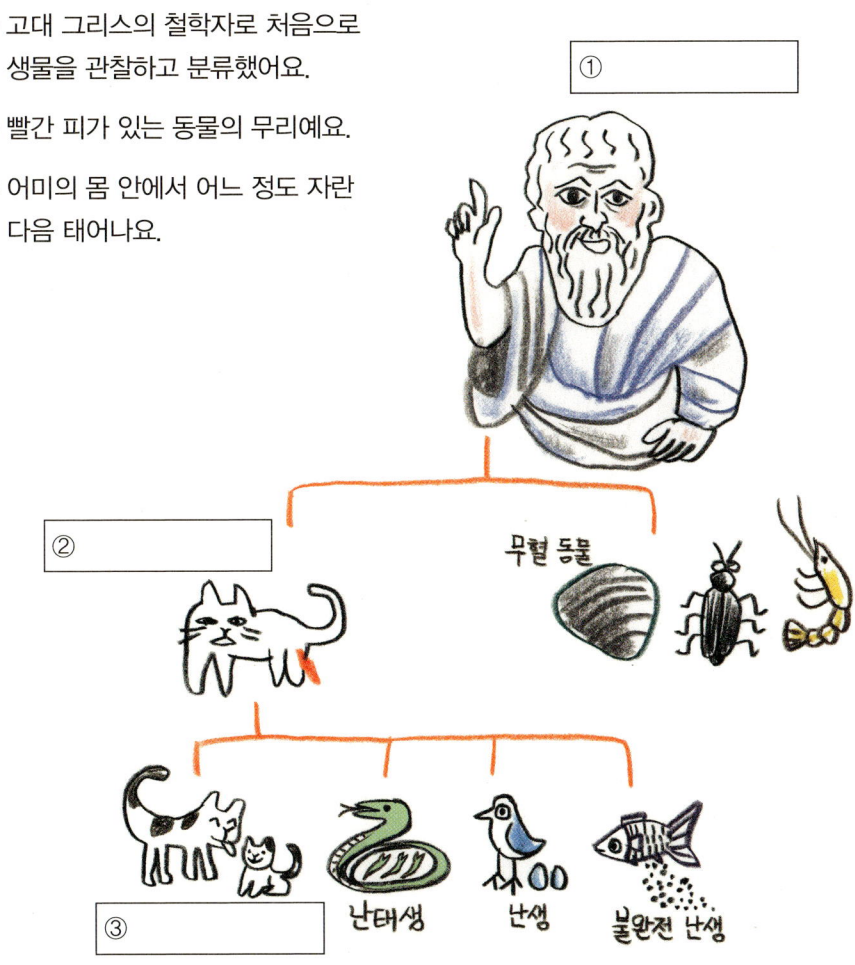

질문 있어요!

 **자연에서 저절로 생겨나는 생물은 없나요?**

현미경이 발명되기 전까지 사람들은 미생물의 존재를 몰랐어. 미생물은 너무 작아서 우리 눈에 보이지 않거든. 그러니 먹다 남긴 음식에서 파란 곰팡이가 올라오는 걸 본 옛날 사람들이 무슨 생각을 했겠니? '음식 안에는 아무런 생물도 없었는데 저절로 뭔가가 생겨났구나.'라고 생각하지 않았을까? 눈에 보이지 않는 아주 작은 포자(홀씨)가 날아와 자랐다고 생각하기는 어려웠을 거야.

'어떤 생물은 자연에서 저절로 생겨나기도 한다'는 생각은 1861년 파스퇴르가 '무생물에서는 생물이 나올 수 없다'는 것을 실험으로 증명하고 난 다음에야 깨졌어. 파스퇴르는 바깥 공기가 들어가지 못하도록 막은 플라스크에 담긴 수프는 시간이 지나도 상하지 않는다는 걸 실험해 보였지.

현미경이 만들어지고, 미생물에 대해 알게 되면서 사람들은 생물이 저절로 태어나는 건 불가능하다는 걸 깨달았어. 사실 아주아주 작은 바이러스조차 인간이 만들어 낸 가장 복잡한 기계 장치들보다 훨씬 더 정교해. 저절로 태어나기에 생물은 너무나 정밀하고 복잡하단다.

③
종속과목강문계, 생물을 분류해 봐!
린네와 생물 분류법

분류학의 아버지, 칼 폰 린네

모두가 부를 수 있는 이름이 필요해

앞 장에서 우리는 동물을 분류하는 방법에 대해 고민했어. 그런데 우리가 했던 고민을 훨씬 전에 했던 사람이 있어. 바로 스웨덴의 식물학자 **칼 폰 린네**(1707~1778년)야.

어릴 때부터 식물에 관심이 많았던 린네는 수많은 식물들을 한눈에 알아볼 수 있도록 정리하고 싶었어. 당시만 해도 식물을 분류하는 기준이나 이름이 통일되어 있지 않아서, 아주 혼란스러웠거든. 똑같은 동식물을 나라마다 제각각 다른 이름으로 부르는 탓에 연구를 하려고 해도 뭐가 새로운 것이고, 뭐가 이미 발견된 것인지 통 알 수가 없었지.

린네는 여러 생물들을 공통된 특징에 따라 나눈 다음, 라틴어로 학명을 지어 주었어. 학명은 생물학에서 쓰는 생물의 이름으로, 세계 어디서나 똑같아.

린네는 사람의 이름처럼, 생물의 학명에 이름 두 개를 나란히 쓰도록 했어. 그 생물의 종의 이름과 그 종이 속하는 더 큰 무리의 이름을 함께 쓰게 한 거야. 이것을 이명법이라고 해.

이명법을 쓰면 생물을 더 쉽게 파악할 수 있어. 예를 들어 청개구리의 학명(휠라 야포니카(Hyla japonica))과 수원청개구리의 학명(휠라 수원엔시스(Hyla suweonensis))에는 '휠라'라는 이름이 공통적으로 쓰여. 즉 청개구리와 수원청개구리는 하나의 무리로 묶이는 가까운 동물인 거지.

종속과목강문계란 무엇일까?

린네가 생물을 분류한 방법을 좀 더 자세히 알아보자.

생물을 분류하는 가장 기본 단위를 '종'이라고 한다는 거, 기억하지? 그런데 지구에는 너무나 많은 생물들이 있어서 종으로만 분류하기에는 무리가 있어. 그도 그럴 것이 지금까지 알려진 것만 175만 종이 넘으니까.

그래서 린네는 여러 종들 중에서 비슷한 특징을 가진 것들을 모아서 '속'으로 분류했어. 그러고는 수많은 속 중에서 사이가 가까운 것들을 묶어서 '목'으로 분류했지. 목 다음에는 '강', 강 다음에는 '계', 린네는 계속해서 생물을 더 큰 단계로 묶었어.

린네가 죽은 뒤에도 새로운 생물들이 계속 발견되면서 분류의 단계는 더욱 늘어났어. 속 다음에 '과', 강 다음에 '문'이 생겼지. 오늘날에는 종-속-과-목-강-문-계라는 일곱 단계로 생물을 분류해. 종속과목강문계, 꼭 주문 같지 않니?

다음 페이지에서는 우리나라를 대표하는 동물인 호랑이를 예로 들어서 종속과목강문계를 설명해 볼게.

호랑이의 종속과목강문계!

① 종
② 속
③ 과
④ 목
⑤ 강
⑥ 문
⑦ 계

① **호랑이종**은 덩치가 크고 힘이 세. 등에는 멋진 검은색 가로무늬가 있고, 긴 꼬리에는 검은 줄무늬가 있어.

② 호랑이와 비슷한 종에는 무엇이 있을까? 사자, 표범, 재규어 등은 모두 호랑이처럼 덩치가 크고 성질이 사나우며 으르렁하고 울부짖어. 이런 종들을 모아서 **표범속**이라고 해.

③ 표범속은 고양이속, 퓨마속, 치타속, 스라소니속 등과 함께 **고양잇과**로 분류돼. 고양잇과 동물들은 다른 동물의 고기를 먹이로 삼기 때문에 이와 발톱이 날카로워. 또 시력이 좋으며, 몸이 유연하고 근육이 발달해 빨리 달릴 수 있어.

④ 고양잇과는 몽구스과, 하이에나과, 갯과, 곰과, 물갯과, 족제빗과 등의 동물들과 함께 **식육목**에 속해. 식육은 한자 '먹을 식(食)' 자와 '고기 육(肉)' 자로, 고기를 먹는 육식 동물을 의미해. 하지만 식육목 중 대왕판다와 애기판다는 대나무 잎, 조릿대, 풀, 과일 등을 주로 먹고, 곰이나 너구리는 식물과 동물을 모두 먹어.

⑤ 식육목은 **포유강**에 속해. 포유강 동물들은 대부분 새끼를 낳아 젖을 먹여 키우며, 피부에 털이 나 있고, 허파로 호흡해. 또 대뇌가 발달해서 똑똑한 편이야.

⑥ 포유강은 **척삭동물문**에 속해. 등골뼈 안에 척수라고 부르는 신경이 들어 있는 동물들이지. 척삭동물문에는 포유강 외에도 경골어강, 양서강, 파충강, 조강 등이 포함돼.

⑦ 드디어 마지막 단계야. **동물계**는 우리가 흔히 동물과 식물이라고 말할 때의 동물을 말해. 생물의 분류 체계에서 동물이 속하는 최고 단계이지.

사람은 거꾸로! 계문강목과속종!

어때? 이제 어느 정도 이해가 되니? 이번에는 사람을 예로 들어 '계-문-강-목-과-속-종' 순서로 생각해 보자.

계: 현대 생물학에서는 계를 더 여러 갈래로 나누지만, 린네는 동물계와 식물계로 분류했어. 그럼 사람은 동물일까, 식물일까? 너무 쉽다고? 맞아! 사람은 동물계에 속해.

문: 동물계에는 무려 36개의 문이 있어. 해면동물문, 판형동물문, 환형동물문, 연체동물문, 선형동물문, 완족동물문, 절지동물문, 극피동물문, 척삭동물문……. 와우! 이름만 봐도 머리가 다 아프지? 이 많은 문을 다 알 필요는 없어. 그냥 이렇게 다양한 동물들이 있다는 것만 알면 충분해! 이 중에서 사람은 척삭동물문에 속해. 등골뼈 안에 신경이 있는 동물이지.

강: 척삭동물문에는 경골어강, 양서강, 파충강, 조강, 포유강 등이 있어. 경골어강은 쉽게 말해 물고기야. 양서강에는 개구리, 도롱뇽 등이 있고, 파충강에는 거북, 뱀, 악어 등이 들어가. 조강에는 여러 새들이, 포유강에는 새끼를 낳아 젖을 먹여 기르는 동물이 포함돼. 그럼 사람은 어느 강에 속할까? 맞아! 사람은 아기를 낳아 젖을 먹여 키우니까 포유강에 속해!

목: 포유강 아래에는 29개의 목이 있어. 그중 사람은 지능이 뛰어나고 다양한 능력을 가진 동물의 무리인 영장목에 속해. 영장목은 대개 나무를 잘 타고, 냄새를 맡는 감각인 후각보다

눈을 통한 감각인 시각이 발달했어. 재미있는 사실 하나 알려 줄까? 생물의 특징을 살폈을 때 영장목과 가장 가까운 목은 바로 쥐목, 토끼목이야. 사람은 소, 돼지보다 쥐, 토끼와 더 닮은 걸까?

과: 영장목 아래에는 16개의 과가 있어. 긴꼬리원숭잇과, 여우원숭잇과, 안경원숭잇과처럼 대부분 '○○원숭이과'의 형태이지. 우리가 아는 것보다 원숭이의 종류는 훨씬 더 많아. 그중 사람을 포함해 꼬리가 없는 영장목을 사람과라고 불러.

속: 사람과 아래에는 고릴라속, 침팬지속, 오랑우탄속, 사람속이 있어. 사람은 당연히 사람속에 속해.

종: 이제 마지막이야. 사람속 아래에는 단 하나의 종만 있어. 바로 사람종이지. 생각하는 능력이 뛰어나고, 언어와 문자를 사용하는 유일한 동물 말이야.

더 알아보기

생물 분류법은 어떻게 변해 왔을까?

생물을 분류하는 데 린네가 이바지한 바는 어마어마하게 많아. 린네는 살아 있는 동안 약 8000종 이상의 식물과 4000종 이상의 동물을 분류하고 이름을 붙였어. 아마 린네는 인류 역사상 가장 많은 생물의 이름을 지어 준 사람일 거야.

린네는 고래를 처음으로 포유류로 분류한 사람이기도 해. 지금은 많은 사람들이 고래가 새끼를 낳아 젖을 먹여 키우고 허파로 숨을 쉬는 포유류라는 걸 알지만, 예전에는 그렇지 않았어. 물에 사는 다른 물고기들처럼 고래도 어류라고 생각했지.

아리스토텔레스는 고래를 어류로 분류했어. 하지만 고래는 새끼를 낳고 키우는 법, 체온을 유지하는 법, 심장의 모양 등이 어류와는 완전히 달라.

물론 린네의 분류법이 모두 옳은 건 아냐. 예를 들어 린네는 생물을 분류하는 기준을 세울 때 너무 겉모양에 의존하는 경향을 보였어. 식물을 씨앗의 생김새나 꽃의 구조 등을 기준으로 나누거나, 동물을 호흡하는 방법이나 더듬이가 있고 없고에 따라 분류하는 식으로 말이야.

이런 부분들은 훗날 다른 과학자들이 바로잡았어. 수많은 과학자들이 린네가 세운 분류법을 기본으로, 분류의 기준을 더 세밀하게 다듬고 잘못된 내용들을 고쳐 왔지.

가령 지금은 생물 분류의 가장 위 단계인 계를 동물계와 식물계 두 가지가 아니라, 여섯 가지로 나눠. 과학 기술이 발달하면서 지구에 동물과 식물 외에도 버섯이나 곰팡이 같은 균류나 세균, 단세포 생물인 원생생물 등 엄청나게 많은 종류의 생물이 살고 있다는 게 밝혀졌거든.

생물의 분류 방법은 절대 변하지 않는 진리가 아니야. 새로운 생물이 발견되고, 생물 분류의 기준이 달라지면 얼마든지 바뀔 수 있어.

⭐ 도전! 퀴즈 왕

1. 칼 폰 린네에 대한 설명으로 틀린 것을 고르세요.

① 스웨덴의 식물학자로 현대 생물 분류학의 기초를 세웠어요.

② 세계 어디서나 공통적으로 쓰이는 생물의 학명을 만들었어요.

③ 생물 분류의 가장 높은 단위인 계를 동물계와 식물계로 나누었어요.

④ 약 8000종 이상의 식물과 4000종 이상의 동물을 분류하고 이름을 붙였어요.

⑤ 새끼를 낳아 젖을 먹여 키우는 고래를 어류로 분류했어요.

2. 학명에 대한 설명으로 옳은 것을 고르세요.

① 전 세계에서 사용되는 생물의 이름이며 영어로 써요.

② 생물의 종 이름과 속 이름을 같이 써요.

③ 학명에는 생물에 대한 정보가 전혀 들어 있지 않아요.

④ 각 나라마다 쓰는 학명이 제각각이어서 혼란스러워요.

⑤ 하나의 생물에 여러 개의 학명이 있을 수 있어요.

선생님, 제 생각엔 말이죠!

3. 아래 상자의 글을 잘 읽고 빈칸에 알맞은 단어를 써 보세요.

> 오늘날 우리가 쓰는 생물 분류의 단계는 일곱 가지예요. 여러 종들 중에서 비슷한 특징을 가진 것들을 모아서 ① _____ 으로 나누고, 그중에서 사이가 가까운 것들을 묶어서 ② _____ 로 나누고, 다음에는 ③ _____, 또 그다음에는 ④ _____, ⑤ _____, ⑥ _____ 로 생물을 분류하지요.

4. 생물 분류 단계에 따라 사람을 분류한 내용이에요. 글을 잘 읽고 괄호 안의 단어 중 맞는 것에 동그라미 치세요.

① 생각하는 능력이 뛰어나고, 언어와 문자를 사용하는 사람종은 (고릴라속, 침팬지속, 오랑우탄속, 사람속)에 속해요.

② 새끼를 낳아 젖을 먹여 키우는 사람은 (양서강, 조강, 포유강)에 속해요.

③ 동물계에 있는 36개의 문 중 사람은 (해면동물문, 척삭동물문, 완족동물문, 선형동물문)에 속해요. 등골뼈 안에 신경이 있는 동물들이 여기에 속하지요.

질문 있어요!

 **눈에 보이지 않는 미생물은 어떻게 분류하나요?**

린네는 동물과 식물이 지구에 사는 생물의 전부라고 생각했어. 미생물이 생물로서 분류된 건 린네가 죽고 난 뒤의 일이야. 사실 지구의 전체 생물 중 동물과 식물은 아주 작은 부분에 불과해. 그보다는 미생물이 차지하는 비중이 훨씬 크지. 그러니 지금부터는 잠시 린네의 분류는 잊어 줘.

현대 생물학자들이 생물을 분류하는 첫 번째 기준은 세포에 핵이 있는지, 없는지를 따지는 거야. 세포에 핵이 있는 생물을 '진핵생물'이라고 불러. 동물과 식물의 세포에는 당연히 핵이 있고, 미생물 중에서도 곰팡이, 녹조류 등은 핵이 있어.

핵이 없는 세포를 가진 생물은 '원핵생물'이라고 부르는데, 세균과 고세균으로 나뉘어. 이 아래에 셀 수 없이 많은 종류의 미생물들이 있어.

복잡하지? 딱 두 가지만 기억하면 돼. 첫째, 동물과 식물이 전체 생물의 분류에서 차지하는 비중은 매우 적다는 것. 둘째, 예전에는 생물을 겉모양으로 분류했다면, 지금은 세포 수준에서 어떤 차이가 있는지를 기준으로 분류한다는 것!

④

끝이 없는 생물 분류

변화하는 분류학

소고는 악기일까, 문구일까?

분류하기 참 애매한 오리너구리

쓰임새가 분명한 소고조차 사람에 따라 나누는 방법이 다른 걸 보면, 생물을 분류하는 것이 얼마나 까다로운 일인지 짐작이 갈 거야. 생물은 아무리 단순해 보이는 것도 저마다 모양과 성질이 다 다르거든.

예를 하나 들어 볼까? 오스트레일리아에는 오리너구리라는 동물이 있어. 오리너구리가 처음 발견되었을 때, 과학자들은 이 동물을 어떻게 분류해야 할지 몰라 난감해했어. 오리너구리는 조류인 오리와 비슷한 주둥이를 갖고 있고, 발가락에는 물갈퀴가 있으며, 알을 낳아. 그런데 몸뚱이는 포유류인 너구리와 닮았고, 알에서 깬 새끼를 젖을 먹여 키웠지. 한동안 과학자들 사이에서는 오리너구리가 조류다, 포유류다, 논쟁이 치열했어.

상어를 연구하던 과학자들도 비슷한 고민에 빠진 일이 있어. 상어는 당연히 어류라고 생각했는데, 어떤 상어가 알이 아니라 새끼를 낳은 거야. 나중에 알고 보니 이 상어는 '난태생'이라는 방식으로 새끼를 낳는 동물이었어. 자기 몸 안에 알을 낳은 다음 새끼가 알을 깨고 나오면 몸 밖으로 내보내는 거였지.

무지개 색을 분류할 수 있을까?

 오리너구리와 난태생을 하는 상어 외에도 어떻게 분류하면 좋을지, 우리를 혼란스럽게 하는 동물들은 많아. 그런데 이게 오리너구리와 상어의 탓일까? 아니, 그건 사람이 세운 분류의 기준이 오리너구리와 상어를 포함하기에 부족했기 때문이야.
 여기서 잠깐, 문제를 하나 내 볼게. 무지개는 무슨 색깔일까?
 빨주노초파남보라고? 글쎄, 무지개에서 빨강과 주황을 정확히 구분할 수 있니?

실제로 무지개를 본 적이 있다면 절대 여기까지는 빨강이고, 저기서부터는 주황이라고 선을 그어 나눌 수 없다는 걸 알 거야. 무지개의 빨강과 주황 사이에는 우리가 쓰는 단어로는 다 표현할 수 없을 만큼 무수히 많은 색들이 포함되어 있거든.

무지개의 색깔을 하나하나 분류할 수 없는 것처럼, 생물도 완벽하게 분류할 수는 없어. 사람은 생물의 창조자가 아니라 관찰자일 뿐이야. 생물을 분류하는 기준 또한 과학자들이 '이렇게 하자'라고 정한 약속에 불과해. 그럼에도 우리가 생물을 분류하기 위해 애쓰는 것은, 그 과정에서 여러 생물에 대해 더 잘 알 수 있기 때문이야.

사람과 가장 가까운 동물이 돼지라고?

최근 과학 기술이 발달하면서 생물을 분류하는 데 도움이 되는, 아주 쓸모 있는 도구가 생겼어. 바로 유전자야.

모든 생명체는 부모로부터 겉모습이나 성격 같은 고유한 특징을 물려받아. 유전자는 이런 특징들에 대한 정보를 담고 있는 물질이야. 생물의 세포 속에 DNA(디엔에이)라는 물질로 들어 있지.

유전자는 한마디로 생명체의 설계도 같은 거야. 세포에서 DNA를 뽑아내어 분석하게 되면서 많은 생물들을 이전보다 더 쉽게 분류할 수 있게 되었어. 유전자가 비슷하다는 건 그 유전자를 설계도 삼아 만들어진 동물들도 비슷하다는 뜻이거든.

과학자들은 분류하기 애매했던 동물들의 유전자를 분석해서 여러 놀라운 사실을 알아냈어. 그동안 비슷하다고 생각했던 동물들 사이에 차이점이 많고, 아무런 상관이 없어 보였던 동물들이 실은 매우 가까운 사이였다는 것도 그중 하나야. 어떤 과학자는 여러 동물들의 DNA를 분석한 끝에 사람과 가장 가까운 동물이 원숭이가 아니라 돼지라고 주장하기도 했어.

미생물도 분류할 수 있어!

DNA 분석이 가능해지면서 미생물도 더 체계적으로 분류할 수 있게 되었어. **미생물**은 우리 눈으로 볼 수 없는 아주 작은 생물들을 말해. 지금으로부터 약 350년 전 현미경이 만들어지면서 사람들은 세균, 효모, 곰팡이 같은 미생물에 대해 알게 되었어.

미생물을 분류하고 이해하는 건 아주 중요한 일이야. 우리 주변에는 셀 수 없이 많은 미생물들이 있어. 심지어 우리 몸속에도 있지. 게다가 미생물은 좋은 면으로든 나쁜 면으로든, 우리 삶에 큰 영향을 미쳐.

미생물은 음식을 상하게 만들고, 결핵이나 장티푸스같이 무서운 병의 원인이 돼. 하지만 한편으로는 병을 치료하는 약을 개발하고 맛있는 김치와 치즈, 요구르트를 만드는 데 쓰이기도 하지. 또 죽은 동식물을 분해하여 거름을 만들기도 하고.

과학 기술이 발달하면서 생물을 분류하는 기준과 방법은 계속 변화하고 있어. 우리가 잘 알고, 더불어 살아가야 하는 생물도 그만큼 늘어나고 있지.

> 더 알아보기

🌏 유전자와 DNA란 무엇일까?

　코끼리처럼 덩치가 무지 큰 동물도 '수정란'이라는 작은 세포에서 만들어진다는 걸 알고 있니? 우리가 아는 모든 동물은 하나의 수정란이 2개, 4개, 8개, 16개, 32개……로 계속 늘어나서 만들어져. 사람은 무려 30조 개의 세포로 이루어져 있는데, 그 시작은 역시 수정란이야.

　수정란 안에는 DNA, 즉 그 동물의 설계도가 있어. 수정란 가운데 있는 핵 안에 차곡차곡 접힌 채 들어 있지.

　DNA는 A(아데닌), G(구아닌), C(사이토신), T(티민)이라는 네 가지 물질을 지니고 있는데, 이 물질들이 배열되는 순서에 따라 부모로부터 자식에게 전해지는 유전 정보가 결정돼.

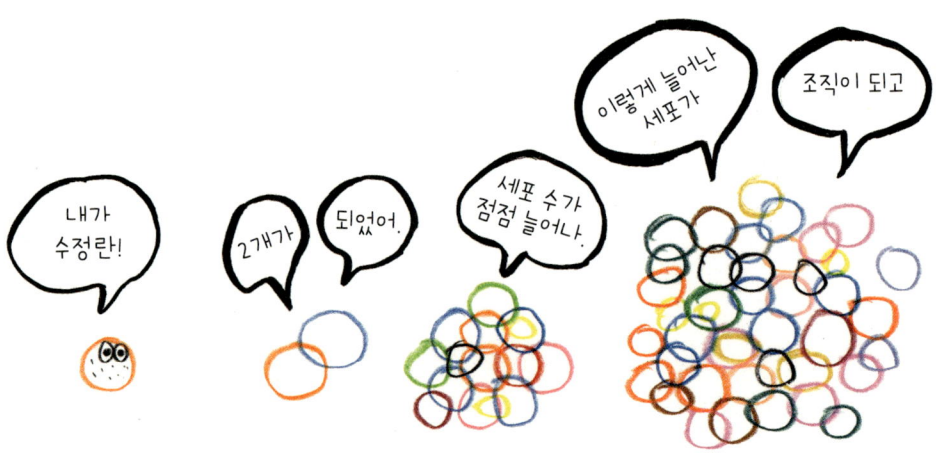

과학의 발달로 사람들은 여러 생물의 세포 안에 있는 DNA를 꺼내, 그 안에 숨겨져 있는 암호를 풀 수 있게 되었어. 덕분에 왜 부모의 특징이 자식에게 나타나는지, 유전 정보가 어떻게 전달되는지 등 생물을 더 잘 이해할 수 있게 되었지. 더불어 생물의 분류 체계에서 가까운 동물일수록 DNA 암호에 공통점이 많고, 먼 동물일수록 공통점이 적다는 사실도 알게 되었어.

하지만 우리가 유전자와 DNA에 대해 아는 지식은 여전히 아주 작은 부분뿐이야. 전체 유전자 분석을 마친 동물도 그리 많지 않아. 사람, 원숭이 등 몇몇 동물만 전체 유전자를 분석해 유전 정보를 이해했지. 게다가 식물 중에는 아직 전체 유전자가 밝혀진 종이 하나도 없어. 식물의 유전자가 동물의 유전자보다 더 복잡하거든. 의외지?

★ 도전! 퀴즈 왕

1. 자음을 보고 올바른 단어를 맞혀 보세요.

• 오리너구리는 ㅈㄹ인 오리와 비슷한 주둥이가 있고, 발가락에는 물갈퀴가 있으며, 알을 낳아요. 하지만 몸뚱이는 ㅍㅇㄹ인 너구리와 닮았고, 새끼를 낳아 젖을 먹여 키우지요.

-------------------   -------------------

• 암컷 ㅅㅇ 중 어떤 것은 알이 아닌 새끼를 낳아요. 어미가 자신의 몸 안에 알을 낳은 다음, 새끼가 알을 깨고 나오면 몸 밖으로 내보내는 것이지요. 이렇게 새끼를 낳는 방식을 ㄴㅌㅅ이라고 해요.

-------------------   -------------------

2. 유전자와 DNA에 대한 설명으로 틀린 것을 고르세요.

① DNA 분석은 생물을 분류하는 데 큰 도움을 줘요.

② 유전자는 겉모습이나 성격 같은 생물의 고유한 특징에 대한 정보를 담고 있어요.

③ 유전자는 모든 생물의 세포 속에 DNA의 형태로 들어 있어요.

④ 동물의 유전자는 식물의 유전자보다 훨씬 복잡해요.

⑤ 린네의 분류법에서 가까운 동물일수록 DNA에 공통점이 많아요.

3. 다음 설명을 잘 읽고 맞으면 O, 틀리면 X 표시 하세요.

• DNA 분석으로 미생물을 더 잘 분류할 수 있게 되었어요. (   )

• 미생물은 지구의 전체 생물 중에서 아주 작은 부분을 차지하고 있어요.
 (   )

• 어떤 과학자는 DNA를 분석해, 사람과 가장 가까운 동물이 원숭이가 아니라 돼지라고 주장했어요. (   )

• 모든 생물을 완벽하게 분류할 수 있는 기준이 있어요. (   )

4. 아래 상자에 쓰인 글을 읽고 무엇을 설명하는지 쓰세요.

> 세균, 효모, 곰팡이처럼 우리 눈으로 볼 수 없는 아주 작은 생물이에요. 음식을 상하게 하고, 동식물에 병을 일으키고, 맛있는 김치와 치즈와 요구르트를 만들고, 죽은 동식물을 분해하는 등 우리 삶에 큰 영향을 미쳐요.

질문 있어요!

 영화 「엑스맨」처럼 유전자에 변화가 일어나면 정말 눈에서 빔을 쏘고, 날씨를 조종하고, 사람의 마음을 읽을 수 있나요?

생물은 사람이 만든 그 어떤 기계보다 훨씬 더 정교해. 돌연변이란, 생물이라는 정교한 기계의 부품 중 일부가 비정상적인 경우를 말해. 예를 들어 검은색 부품을 써야 하는데, 그 부품이 없어서 다른 색 부품을 쓴 거지.

대부분의 돌연변이는 있어야 하는 기능이 없는 식으로 나타나. 없어진 기능은 꼭 필요한 것이 아니어서, 살아가는 데는 큰 문제가 없는 경우가 대부분이지.

그런데 만약 기계의 주요한 작동에 관여하는 부품이 비정상이라면 어떻게 될까? 그 기계는 작동하지 않을 거고, 못 쓰게 되겠지? 생물의 경우라면 죽음을 맞게 될 거야.

영화 「엑스맨」의 주인공들이 가진 능력은 돌연변이의 능력이라기보다는 초능력에 가까워 보여. 과학으로는 합리적으로 설명할 수 없는 초자연적인 능력 말이야. 그런 초능력이 갑자기 생겼다고 말하기는 좀 억지스러우니까, 영화의 시나리오를 쓴 작가가 돌연변이라는 과학적 이론을 가져다 쓴 거지.

낡은 고물 자동차의 부품 한두 개를 비정상적인 기능을 가진 걸로 바꾼다고 해서, 성능이 뛰어난 스포츠카가 될 수 있을까? 그게 가능하다면 영화 「엑스맨」 같은 돌연변이 이야기가 현실에서 일어날지도 모르지.

⑤ 생물을 분류하는 진짜 이유

생물 다양성의 중요성

인간에 의해 멸종된 동물들

사라진 도도새

오른쪽 페이지에 있는 동물의 이름이 뭔지 아니? 처음 보는 동물이라고? 그럴 수밖에. 현재 지구에 없는 동물이니까. 이 동물의 이름은 도도새야.

도도새는 아프리카 대륙 남동쪽에 있는 모리셔스섬에 살았던 새야. 16세기 초 모리셔스섬에 처음 들어간 포르투갈 사람들에 의해 발견되었지.

포르투갈 사람들은 도도새를 마구 잡아먹었어. 도도새는 날지 못한 데다, 사람을 피할 줄도 몰라서 사냥하기가 아주 쉬웠거든. 그래서 포르투갈 사람들은 이 새를 '바보'라는 뜻의 '도도'라고 불렀어.

사실 사람들이 들어오기 전까지 도도새는 굳이 날 필요가 없었어. 모리셔스섬에는 풀과 과일 같은 먹이가 풍부했을 뿐 아니라, 도도새를 위협하는 천적도 없었거든.

도도새가 마지막으로 발견된 것은 1681년이야. 사람이 모리셔스섬에 들어온 지 180여 년 만에 완전히 멸종해 버린 거지.

스텔러바다소의 비극

역시 지금은 사라지고 없는 스텔러바다소는 고래 다음으로 몸집이 큰 포유류였어. 몸길이가 8~9미터에, 몸무게는 8~10톤에 달했다고 하지.

스텔러바다소는 1741년 태평양 북쪽 베링해에서 덴마크 출신의 탐험가 베링이 이끄는 탐험대에게 처음 발견되었어.

사람들은 곧 너도나도 스텔러바다소 사냥에 나섰어. 스텔러바다소는 움직임이 둔해 사냥하기가 쉬웠을 뿐 아니라, 한 마리만 잡아도 엄청난 양의 고기를 얻을 수 있었거든.

결국 스텔러바다소는 1768년을 끝으로 지구에서 영영 사라지고 말았어. 발견된 지 불과 27년 만에 멸종한 거야.

미안해, 스텔러바다소야.

신비한 파란영양

 푸르스름해 보이는 털빛이 특징인 파란영양은 남아프리카에 살았어. 파란영양의 신비한 털빛은 검은색과 노란색 털이 섞여서 푸른빛으로 보인 거라고 해.

 17세기 중반 네덜란드 사람들이 남아프리카에 들어와서 가축을 키우면서 파란영양은 그 수가 급격히 줄어들었어. 사람이 키우는 가축들과의 먹이 경쟁에서 뒤처진 파란영양은 1800년경 완전히 사라져 버렸어. 정말 안타까운 일이야.

멸종 위기에 처한 동물들

도도새나 스텔러바다소, 파란영양처럼 완전히 사라지진 않았지만, 남아 있는 수가 적어서 멸종할 위험이 높은 동물들도 많아. 시베리아호랑이, 동부고릴라, 바다거북 등이 바로 멸종 위기에 처한 동물들이야. 사람들은 이런 동물들을 '멸종 위기 종'으로 정해서 적극적으로 보호하고 있어.

전 세계 동식물을 연구하고 보호하는 세계 자연 보전 연맹에서는 멸종 위험 정도에 따라 생물 종을 '야생 절멸', '위급', '위기', '취약' 등 여러 등급으로 나누어 관리하고 있어.

'야생 절멸'은 사람의 보호 아래에서는 살아 있지만, 야생에서는 사라진 종이야. 북아프리카의 산악 지대에 살았던 바바리사자가 대표적인 야생 절멸 종이지. 야생 바바리사자는 멸종했고, 현재 남아 있는 바바리사자는 다른 아종의 사자와 교배해서 나온 혼혈이라고 해.

'위급'은 야생에서 곧 멸종될 위기에 처한 종이야. 인도네시아 수마트라섬에 사는 수마트라오랑우탄이 여기에 해당해.

'위기'는 황새, 보리고래처럼 가까운 미래에 멸종될 위험이 있는 종이고 '취약'은 이보다는 나은 상태로, 사자나 백상아리 등이 이에 속해.

멸종 위기에 처한 동물들은 우리가 관심 있게 지켜보며 보호하지 않으면, 머지않아 지구에서 사라지고 말 거야. 다행히 과학자들과 동물 보호 운동가들을 비롯해 많은 사람들이 멸종 위기 종들의 수를 늘리기 위해 애쓰고 있어.

멸종 위기 동물의 수를 늘려라!

　멸종 위기에 처한 동물은 자연 상태 그대로 두는 것보다, 사람이 보살피며 짝짓기를 시켜 수를 늘리는 것이 좋아. 자연에서는 환경에 적응하고 다른 동물들과의 경쟁에서 살아남아야 하기 때문에, 수가 늘어나는 데 시간이 많이 걸리거든.
　우리나라에서도 황새, 반달가슴곰 같은 멸종 위기 동물의 수를 늘려 야생으로 돌려보내려고 노력하고 있어. 황새는 세계적으로도 희귀한 새로, 우리나라의 산과 들에서 완전히 사라진 동물이야. 1971년에 불법 사냥꾼이 마지막으로 남은 황새 한 쌍 중 수컷을 죽였고, 암컷은 사람의 보호를 받다가 1994년에 죽었어.

다행히 다른 나라에는 황새가 남아 있었어. 그래서 우리나라는 1996년 독일에서 수컷 황새를, 1999년에 일본에서 알 상태의 암컷 황새를 가져와서 정성껏 길렀어. 그리고 2002년 사람의 손을 빌어 황새 두 마리가 태어났어. 2003년부터는 사람의 도움 없이 황새들끼리 자연적으로 알을 낳아 새끼를 기르게 되었지. 앞으로 황새의 수가 충분히 많아지면 스스로 살아갈 수 있도록 훈련시켜서 자연으로 돌려보낼 수 있을 거야.

백두산호랑이를 되살린다고?

멸종 위기에 처한 동물들을 보호하고 그 수를 늘리는 데서 나아가, 이미 멸종한 동물을 되살리려는 노력도 이루어지고 있어.

'한국호랑이', '시베리아호랑이'라고도 불리는 백두산호랑이는 백두산 일대의 높은 산속에 사는 호랑이의 아종이야. 머리가 둥글고, 다리는 굵고 튼튼하며, 앞발과 어깨 근육이 발달해서 힘이 세지. 호랑이류 중에서도 가장 덩치가 큰 것으로 알려져 있어. 오래전 사냥꾼들 사이에서 백두산호랑이는 용감하고 사납기로 유명했다고 해.

우리나라에서 야생 백두산호랑이가 사라진 지는 한참 됐어. 지금은 몇몇 동물원에서만 볼 수 있지. 다행히 백두산호랑이의 유전자가 남아 있어서, 과학자들은 이 유전자를 이용해 백두산호랑이를 되살리려고 노력하고 있어.

어떻게 그게 가능하느냐고? 복제 양 '돌리' 알지? 복제 동물을 만드는 방법을 활용해서 백두산호랑이를 되살리는 거야. 백두산호랑이의 유전자를 다른 호랑이의 난자(수정란을 만드는 암컷의 생식 세포)에 집어넣어서, 백두산호랑이 새끼가 태어나도록 하는 거지. 결코 쉬운 일은 아니지만, 이론적으로는 성공 가능성이 꽤 높은 방법이란다.

멸종한 공룡을 되살릴 수 있을까?

영화 「쥬라기 월드」 봤니? 그 영화에서는 과학자들이 오래전 멸종한 공룡을 유전자 복제 기술로 다시 살려 내.

하지만 영화에서와 달리, 공룡을 되살리는 건 그렇게 간단한 일이 아니야. 특히나 백두산호랑이 같은 아종이 아니라, 하나의 종을 되살리는 건 대단히 어렵고 힘든 일이지.

예를 들어 공룡처럼 지금은 사라지고 없는 매머드를 되살린다고 생각해 보자. 매머드의 유전자는 냉동 상태로 발견된 매머드에서 구할 수 있어. 문제는 매머드의 난자를 구할 방법이 없다는 거야.

이런 경우 어쩔 수 없이 매머드와 가장 가까운 동물인 코끼리의 난자에 매머드의 유전자를 집어넣어 매머드 새끼가 태어나도록 유도해야 해. 하지만 코끼리와 매머드는 엄연히 다른 종이기 때문에 새끼가 태어나 자랄 가능성은 매우 적어. 실제로 이런 시도는 아직 단 한 번도 성공한 적이 없단다.

만약 이 문제를 해결할 방법을 찾으면 영화「쥬라기 월드」에서처럼 티라노사우루스 같은 공룡을 되살리는 것도 불가능한 일은 아니야. 상상만 해도 흥분되지 않니?

생물 다양성이란 무엇일까?

지구상에 여러 종류의 생물이 존재하는 것을 **생물 다양성**이라고 해. 사람들이 멸종 위기에 처한 동물들을 보호하고, 이미 사라진 동물들을 되살리기 위해 노력하는 것은 모두 생물 다양성을 지키기 위해서야. 그런데 왜 생물 다양성이 중요한 걸까?

솜씨 좋은 장인이 10년간 공들여 만든 작품이 있다고 생각해 봐. 그 작품은 값을 매기기가 어려울 만큼 어마어마한 가치가 있을 거야.

과학자들에 따르면 지구의 나이는 약 46억 년이라고 해. 즉 지금 우리 옆에 있는 동물과 식물들은 그 긴 시간 동안 여러 갈래로 나뉘고 조금씩 변화해 만들어진 놀라운 생명들인 거야. 인간에게 이롭든 해롭든, 생김새가 예쁘든 밉든, 46억 년이란 긴긴 시간을 견디고 버텨 낸 엄청난 가치를 지닌 작품들인 거지. 그게 얼마나 소중하고 의미 있는 일인지는 더 설명하지 않아도 알겠지?

우리 자신을 위해 생물 다양성을 지켜야 해!

조금 더 이기적으로 생각해 볼까? 생물 다양성을 지키는 것은 사람이 지구에서 오랫동안 살아가기 위해서 꼭 필요한 일이야. 사람을 포함해 지구의 모든 생물들은 알게 모르게 서로 영향을 주고받으면서 살아가. 그 말은 어느 한 종류의 동물이나 식물이 사라지는 것만으로도 생태계 전체가 와르르 무너져 내릴 수 있단 뜻이야.

게다가 생물 다양성을 보존하는 것은 경제적으로도 아주 중요해. 어떤 동물이나 식물에서 새로운 약의 원료를 찾아냈다는 뉴스를 본 적이 있을 거야. 그런 예가 아니더라도 다양한 생물은 그 자체로 사람에게 엄청난 자원이 돼.

요즘 각 나라에서는 저마다 **생물 자원**을 잘 보존하기 위해 많은 애를 쓰고 있어. 앞으로는 다른 나라의 생물 자원을 맘대로 쓸 수 없게 될 가능성이 높거든. 쌀, 밀, 옥수수처럼 우리가 자주 먹는 곡물의 씨앗을 매번 다른 나라에서 돈을 주고 사 와야 한다고 생각해 봐. 반대로 우리 고유의 생물 자원을 잘 관리해서 다른 나라에 팔 수 있다면 나라 경제에 큰 도움이 되겠지.

환경 변화에 적응하지 못해 자연스럽게 사라지게 된 생물 종을 살려야 할 의무나 권리는 사람에게 없어. 하지만 최소한 사람의 잘못으로 멸종 위기에 처한 동식물에 관해서는 책임을 져야 해. 그것이 지구에서 살아가는 하나의 종으로서 사람이 지켜야 할 최소한의 도리야.

더 알아보기

우리나라의 멸종 위기 동물들

우리나라는 국토에 비해 인구가 무척 많은 편이야. 휴전선 근처에 있는 비무장 지대나 몇몇 무인도를 제외하면 우리나라에 사람의 손길이 닿지 않은 장소는 거의 없어. 즉 우리나라는 야생 동물이 살기에 그리 적합한 환경은 아닌 셈이야.

우리 정부는 '야생 생물 보호 및 관리에 관한 법률'을 통해 멸종 위기에 처한 동식물을 지정해 보호하고 있어. 여기에는 예전에는 우리나라에 살았지만, 경제 개발 과정에서 환경이 파괴되어 살 곳을 잃어버린 야생 동물들이 많이 포함되어 있어.

포유류 중에서는 늑대, 대륙사슴, 반달가슴곰, 붉은박쥐, 사향노루, 산양, 수달, 스라소니, 여우, 표범, 호랑이 등이 '멸종 위기 야생 생물 1급'에 해당돼. 이것들은 모두 자연 상태에서는 찾아보기가 무척 어려운 동물들이야.

조류 중에서는 검독수리, 넓적부리도요, 노랑부리백로, 두루미, 매, 저어새, 참수리, 청다리도요사촌, 크낙새, 흑고니, 황새, 흰꼬리수리 등이 멸종 위기에 처해 있어. 또 양서류와 파충류에서는 비바리뱀, 수원청개구리가, 어류에서는 감돌고기, 꼬치동자개, 남방동사리, 미호종개, 얼룩새코미꾸리, 여울마자, 임실납자루, 퉁사리, 흰수마자 등이 멸종 위기이지.

　예전에는 허가 받지 않고 마구잡이로 사냥을 하는 사람들 때문에 동물들이 멸종하는 경우가 많았어. 하지만 최근에는 곳곳에 들어선 도로나 환경 오염 때문에 동물들이 살 곳을 잃고 죽음에 내몰리고 있어.

　결국 멸종 위기 동물을 진정으로 보호하기 위해서는 우리의 생각부터 바꿔야 해. 동물과 식물 또한 우리가 살고 있는 한반도의 주인이라는 걸 잊어서는 안 돼! 더는 사람의 편의를 위해 다른 생물의 삶의 터전을 빼앗는 일이 없도록 모두가 함께 노력해야 해.

⭐ 도전! 퀴즈 왕

1. 아래 상자에서 멸종 동물과 멸종 위기 동물의 이름 7개를 찾아 동그라미를 쳐 보세요. 동물의 이름은 가로, 세로, 대각선으로 숨어 있어요.

도	가	한	폴	퓨	스	지	정	고
도	황	터	게	텔	파	란	영	양
새	바	다	러	애	견	반	혜	동
달	멸	바	독	일	굳	달	판	부
만	다	경	리	처	보	가	찬	고
소	하	라	년	사	미	습	백	릴
들	전	먹	풍	새	자	곰	프	라

2. 멸종 위기 동물에 대한 설명이 맞으면 O, 틀리면 X 표시 하세요.

- 아직 완전히 사라지지는 않았지만 남아 있는 수가 적어서 멸종할 위험이 높은 동물들이에요. (   )
- 바바리사자는 사람의 보호 아래에서만 살아 있는 야생 절멸 종이에요. (   )
- 멸종 위기 동물은 자연 상태에서 수가 늘어나도록 내버려 두면 돼요. (   )
- 우리나라에서는 황새, 반달가슴곰 같은 멸종 위기 동물의 수를 늘려 자연으로 돌려보내기 위해 애쓰고 있어요. (   )

3. 아래 상자에 쓰인 글을 읽고 '이것'이 무엇인지 쓰세요.

인간이 살아가는 데 필요한 동물과 식물이에요. 요즘 각 나라에서는 '이것'을 잘 보존하고 관리하기 위해 많은 애를 쓰고 있어요. 앞으로는 다른 나라의 이것을 마음대로 쓸 수 없게 될 가능성이 높기 때문이지요.

정답 1. 도도새, 스텔라바다소, 피레네영양, 황새, 반달가슴곰, 바바리사자, 양쯔강돌고래 2. O, O, X, O
3. 생물 자원

질문 있어요!

 **언젠가는 사람도 멸종하게 될까요?**

뉴스에서 지진, 화산 같은 자연재해에 대한 소식을 들은 적이 있지? 자연의 힘은 정말 무서워. 사람의 능력이 대단한 것 같아도, 자연 앞에서는 아무런 힘도 쓰지 못할 때가 참 많아.

많은 과학자들이 오래전 공룡이 멸종한 이유가 우주에서 떨어진 거대 운석 때문이라고 생각해. 운석이 떨어지면서 생긴 먼지가 지구의 하늘을 뒤덮자 햇빛을 받지 못한 지구 표면이 빠른 속도로 식었고, 그 때문에 공룡을 비롯한 많은 생물들이 멸종했다는 거야. 공룡의 예에서 알 수 있듯이 사람이 통제할 수 없는 예기치 못한 자연재해가 일어나면 사람도 멸종 위기에 몰릴 수 있을 거야.

하지만 그런 심각한 자연재해가 아니어도 사람들의 생명을 위협하는 문제들은 많아. 사람들이 석유, 석탄 같은 화석 연료를 에너지로 쓰기 시작한 후 이산화 탄소를 비롯한 온실가스가 늘면서, 지구의 온도가 빠르게 올라가고 있어. 이런 지구 온난화 때문에 지구 곳곳에서는 비정상적으로 무덥거나 눈이 많이 내리는 등 이상 기후 현상이 나타나고 있지. 또 미국, 러시아, 프랑스, 중국, 영국 등은 사람을 비롯해 지구의 모든 생물을 수십 번 멸종시키고도 남을 정도로 막대한 양의 핵무기를 손에 쥐고 있어. 그러니 우리가 다른 사람들, 그리고 자연과 더불어 살아가는 지혜를 배우지 못하면, 스스로 멸종의 길을 걸어가게 될 수도 있어.

글쓴이 김정훈

카이스트(KAIST)에서 생물학으로 석사 학위를 받았다. 동아사이언스에서 기자로 활동했고, 그 뒤 다양한 소프트웨어 융합 교육 서비스를 만들고 있다. 만든 소프트웨어 교육 서비스로 '아이팝콘', '네모' 등이 있으며, 지은 책으로 『과학은 쉽다 3 우리 몸의 기관』, 『맛있고 간편한 과학 도시락』, 『과학을 알아야 코딩이 쉽다!』 등이 있다.

그린이 김민준

나무가 많은 집에서 고양이, 강아지들과 함께 지내며 일러스트레이터와 그림책 작가로 활동하고 있다. 그린 책으로 『맞아 언니 상담소』, 『방학 탐구 생활』, 『쫄쫄이 내 강아지』, 『어쩌면 나도 명탐정』 등이 있고, 쓰고 그린 책으로 『비 내리는 날』이 있다.

2 생물의 분류

과학은 쉽다!

1판 1쇄 펴냄 2015년 9월 23일   1판 5쇄 펴냄 2020년 11월 26일
2판 1쇄 펴냄 2022년 4월 20일   2판 3쇄 펴냄 2023년 5월 16일
글 김정훈 **그림** 김민준
펴낸이 박상희 **편집장** 전지선 **편집** 송재형 **디자인** 정상철, 이슬기
펴낸곳 ㈜비룡소 출판등록 1994. 3. 17(제16-849호)
주소 (06027) 서울시 강남구 도산대로1길 62 강남출판문화센터 4층
전화 02)515-2000 **팩스** 02)515-2007 **홈페이지** www.bir.co.kr
제품명 어린이용 반양장 도서 **제조자명** ㈜비룡소 **제조국명** 대한민국 **사용연령** 3세 이상

ⓒ 김정훈, 김민준, 2015. Printed in Seoul, Korea.

ISBN 978-89-491-8929-1 74400 / 978-89-491-8927-7(세트)